Benjamin Robineau

Poèmes et Proses

© 2025 Benjamin Robineau

Édition : BoD · Books on Demand, 31 avenue Saint-Rémy, 57600 Forbach, bod@bod.fr

Impression : Libri Plureos GmbH, Friedensallee 273, 22763 Hamburg (Allemagne)

ISBN : 978-2-8106-2946-6
Dépôt légal : Mars 2025

Couverture : Benjamin Robineau
Illustrations et textes : Benjamin Robineau

Du même auteur

— La légende de Lugh
— Axel et Camille : Les sept grimoires de Cynwrig
— Jon et l'héritage du démon
— Recueil de poésie
— Axel et Camille : Contre le dompteur de monstre
— L'albatros ou l'été de mes seize ans

Poèmes et Proses

DÉBUT...

La nuit est tombée
le froid m'étreint
et la chaleur de tes mains
se fait désirer

L'ALBATROS

Pendant un été brûlant
allongé sur le sable blanc
sous l'ombre des feuillages

je te vois sortir de l'eau
une main dans tes cheveux mouillés
tu n'as jamais été aussi beau

souffrant d'une passion dévorante
j'observe chaque détail de ton corps
aux traits, aux formes, envoûtantes

écoutant les oiseaux et leur babillage
nos regards s'embrasent de désir
et nos lèvres se heurtent de plaisir

UNE NUIT D'HIVER.

La nuit venue…

Il fait nuit, tout va bien, même si le vent semble s'être levé, je n'ai aucune raison d'avoir peur. Je suis dans mon lit, et même si je n'ai pas sommeil, je sais que je ne vais pas tarder à m'endormir. Toute la famille est endormie, il n'y a plus aucun bruit dans la maison. Le chat ronronne allongé devant la cheminée qui consume ses dernières bûches.

Le calme est apaisant, le silence est reposant. Les vacances sont bientôt finies et je vais devoir ranger mes jouets d'enfant pour laisser place aux crayons et aux cahiers d'école. Malgré l'hiver, il fait bon et doux. La couverture monté jusqu'au cou, je cherche le sommeil. Une lumière orangée vient de parcourir le plafond du regard, je me tourne vers la porte, a-t-elle bougé ?
Je l'ignore.

Je ne l'ai pas entendue bouger, ni vue. Je ramène mon regard vers mon réveil, mais bien avant d'y parvenir j'aperçois des yeux et un sourire. Le temps d'un instant, j'ai cru que la nuit me jouait un mauvais tour, mais non. Ce regard inconnu me fixe et son sourire me transperce telle une lame.

Il reste là, assis, silencieux, son souffle imperceptible me glace le sang. Je voudrais parler, crier, hurler, mais ma peur me rend et me garde muet. Il m'observe, il ne me quitte pas des yeux et son sourire est toujours là. Que fait-il ici, que me veut-il, je voudrais fermé les yeux ou fuir, mais je reste dans mon lit. Je ferme les yeux et les ouvre de nouveau, mais il est toujours là, ce n'est pas un rêve, il est bien là.

Là, assis devant moi.

L'inconnu 1

Le jour, je reste loin
silencieux pour être ignoré
et même oublié
pour le plaisir de te regarder

Je te contemple de loin
la nuit est arrivée
je peux enfin m'approcher
pour mieux te regarder

Le jour comme la nuit
mon visage est figé
encore et encore je te souris
est-ce que cela va t'effrayer

Cela, je ne le crois pas
pour cela il aurait fallu
que plus d'une fois tu m'aies vu
mais tu ne me regardes pas

... Le vent...

Il est toujours là, il reste assis à attendre, mais attendre qui, attendre quoi ? Je suis toujours allongé sur le côté et je n'ose pas bouger ni le quitter des yeux. Je ne cherche plus à fuir car je sais qu'il m'attraperait facilement si je sautais de mon lit. Je commence à avoir mal au ventre, et mon visage se crispe et se déforme à cause de la terreur qu'il m'inspire. Je ne bouge pas et pourtant il reste assis, il semble se détendre alors qu'il me fixe du regard. Son sourire me glace le sang.

La terreur s'insinue jusqu'au plus profond de moi. Et je sens la sueur perler sur tout mon corps qui est paralysé par cette terreur. De lui je ne vois que ses yeux qui semblent briller dans la pénombre ainsi que son sourire. Le reste de son corps est quant à lui plongé dans le noir. Je ne le vois pas, mais je suis presque sûr d'avoir vu ses mains bouger. Le peu de mouvement, le peu de bruit qu'il fait ne risque pas de réveiller qui que ce soit. Je suis seul à le voir, le seul à le savoir là. Ma vue se brouille, les larmes me montent aux yeux, et son sourire semble grandir, la vue de mes larmes semble le réjouir.

Alors que mes premières larmes s'échappent et coulent sur mon visage, son sourire lui continue de grandir. Il prend du plaisir à me voir ainsi.

Toujours assis, j'ai l'impression qu'il se penche vers moi, il se rapproche tout en restant dans le noir, je n'arrive toujours pas à voir le contour de son visage.

L'inconnu 2

Cette nuit, j'ai vu ta peur
j'ai contemplé avec bonheur
ton infinie terreur
qui a grandi à chaque heure

Ce que je t'inspire
terreur et panique
sont les plus belles musiques
et jamais tu ne pourras fuir

Tes larmes et ta sueur
fruit de toutes tes peurs
elles nourrissent mon cœur
d'un infini bonheur

La peur te hantera chaque soir
et le jour, tu croiras me voir
je contemplerai ton désespoir
et il n''y aura personne pour te croire

... Ne chante plus.

Un grincement retentit dans l'obscurité de la chambre, ce bruit que je reconnais, c'est celui de la porte qui est sur le point de s'ouvrir. L'espoir me submerge et fait disparaître mes larmes, enfin, quelqu'un va entrer. Quelqu'un vient me sauver et va faire disparaître cet être qui me terrorise, et qui n'a pas sa place ici.

Enfin la porte va s'ouvrir et la lumière inondera ma chambre et fera fuir l'intrus qui continue de me fixer. Mes yeux vont et viennent, parcourant à une vitesse folle la distance qui sépare la porte de l'intrus qui reste immobile. La porte dans son élan tape le mur, illuminant d'une lumière orangée l'ensemble de ma chambre. Mais l'espoir s'effondre lorsque mes yeux aperçoivent ce qui vient d'ouvrir la porte, car il s'agit tout simplement du chat. Et la lumière n'est que celle des flammes de la cheminée. Personne, personne pour venir me délivrer de cet homme qui me tourmente.

Mes yeux d'une lenteurs infinie remontent

vers cet intrus, mais arrivée là où il se tenait il n'y était plus, la lumière la fait disparaître sans un bruit. Il s'est évanoui dans la nuit.

Et c'est là que mes yeux ont pu voir la vérité. Sur le mur, à la place où se trouvait ce visage des plus terrifiants se trouve désormais un pantin de bois qui affiche les mêmes yeux ronds et le même sourire. Ce n'est que ce pantin de bois.

C'est lui, qui en moi a fait souffler un vent de terreur, lui qui a donné naissance à une panique incontrôlable. Et maintenant que la lumière a révélé sa présence, mes sens se calment et se détendent et je m'imagine une petite mélodie pour me guider vers le sommeil.

Le pantin

La lumière s'est faite
maître dans la chambre
elle illumine ta tête
qu'elle fait briller comme l'ambre

Je vois ta grande joie
et ton soulagement
le chat s'avance nonchalamment
je ne t'inspire plus l'effroi

Sur le lit, tu te redresses
au chat tu adresses
un sourire bien heureux
toi qui n'est plus malheureux

Les yeux tu as levés
là où je suis accroché
enfin tu me vois
moi le pantin de bois

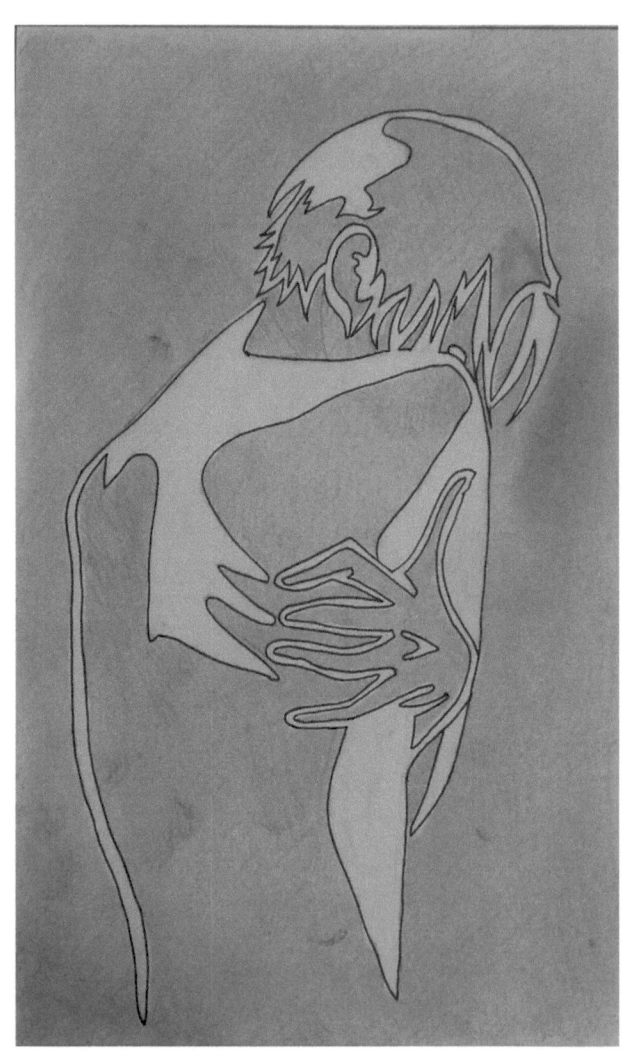

LES MOTS

Les mots me manquent
ceux que l'on m'a donnés
ceux que l'on m'a pris
les mots me manquent

Les mots me manquent
pour crier mes sentiments
pour pleurer ceux que j'aime tant
les mots me manquent

les mots me manquent
pour tout ce que je hais
pour tout ce qui me plaît
Les mots me manquent

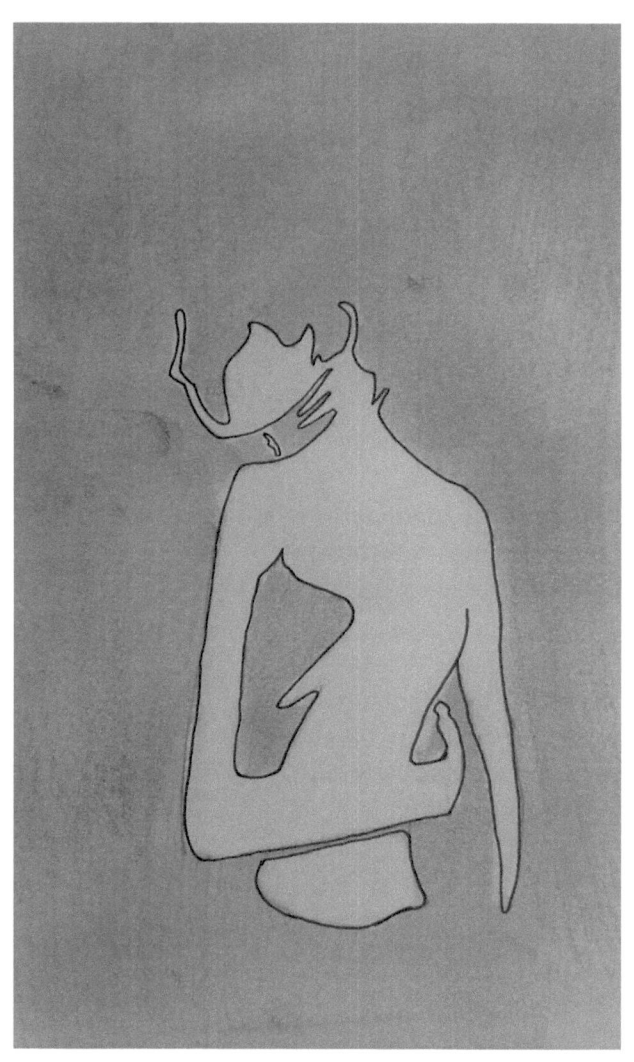

LE LOUP, L'HERMINE ET LE HÉRON

PREMIÈRE PARTIE : Le loup

Le loup enragé, affamé
dévorait agneaux et bergers
toute la contrée terrorisée
craignait de voir le loup s'approcher

Puis une petite hermine apparut
sur la tête du loup se posa
à ses oreilles, elle susurra
des mots que personne ne sut

Le loup énervé
voulut la faire tomber
pour mieux la dévorer
elle resta accrochée

Elle mordit l'oreille du solitaire
puis elle sauta à terre
face au loup solitaire
le loup fit disparaître sa colère

Les animaux s'en étaient allés
car les hommes avaient transformé
la forêt en champs de blé
seul le loup était resté

DEUXIÈME PARTIE : L'hermine

L'hermine et le loup
de la forêt s'en étaient allés
la contrée n'avait plus à redouter
le loup et son courroux

Durant leur déambulation
l'hermine crut voir son ancienne maison
et au loup elle raconta
ce que dans ce château il lui arriva

Elle y vivait sans peur
toujours entourée par le bonheur
mais un jour d'hiver arriva
où la femme d'une douce fourrure rêva

Peur panique
lorsqu'elle prit la fuite
colère tragique
de ces chiens à sa poursuite

Cachée par la nuit
elle échappa à ses poursuivants
mais le jour suivant
elle ne savait pas où finir sa vie.

L'hermine finit par aller et venir
dans les différentes contrées
jusqu'au jour où elle vit venir
un loup qu'elle pourrait aider.

Près d'un arbre le soir venu
un héron ils ont vu
en homme se changer
près d'une pierre il a pleuré.

TROISIÈME PARTIE : Le héron

Sous un soleil éclatant
la jeune fille près de la rivière
avait la pensée légère
et le sourire éclatant

Lorsqu'elle leva le regard
un jeune homme, elle put voir
par la rivière séparés
leurs regards se sont croisés

De ce simple regard
leurs cœurs se sont embrasés
et sans se quitter du regard
tous deux se sont levés

Le cœur enfiévré par tant de beauté
de l'un comme de l'autre
ils s'avancèrent empressés
vers le pont qui reliait une rive à l'autre

Arrivés au centre du pont
ils ne prononcèrent pas le moindre son
tous deux se contemplèrent
puis sans un mot ils s'embrassèrent

Une femme, sorcière, qui passait
amoureuse de l'homme, qui embrassait
elle voulut ensorceler
la jeune fille embrassée

Mais le sortilège égaré
transforma l'homme en héron cendré
le héron enchanté
sur la sorcière s'est jeté

Bec et griffes acérées
sur la sorcière s'est jeté
visage et corps lacérés
dans la rivière s'est noyée

Tout le jour elle a pleuré
son bel amant transformé
mais la nuit revenue
le héron disparut

L'amant fut de retour
la lune révèle leur amour
héron, il sera chaque jour
et cela pour toujours

De désespoir elle s'est noyée
car dans la rivière s'est jetée
et depuis la mort de ma bien-aimée
plus aucun homme de moi, ne s'est approché.

QUATRIÈME PARTIE : Conclusion

Le loup solitaire
a quitté la terre
qui l'a vu naître et grandir
et sa colère n'est qu'un souvenir

L'hermine devenue sauvage
s'est découvert un grand courage
et voit son passé
comme un rêve à oublier

Le héron enchanté
a perdu sa bien-aimée
homme, il ne veut plus être
l'amour, il ne veut plus connaître

Les trois compagnons ont souffert
de la folie des hommes
qui ont brandi le fer
pour assouvir leurs appétits d'hommes

Vers l'ouest ils sont allés
pour mieux oublier
les hommes et leurs folies
la contrée qui a détruit leurs vies

UNE PENSÉE DANS LE NOIR

Mon œil se reflète dans la vitre devant moi et je ne peux pas m'empêcher de me poser la question, suis-je réel ou suis-je le fruit d'une pensée ?

Comment différencier le faux du vrai ?

Comment savoir si l'air que je respire, la lumière que je vois, l'eau que je bois et ce que je peux toucher du doigt, sont bien réels et pas seulement une pensée, un fantasme que mon esprit aurait créé ?

Un arbre qui tombe dans une forêt fait assurément du bruit même si personne n'est là pour le constater. Mais les voix que j'entends, sont-elles bien le fruit d'être conscient, ou seulement l'écho de ma pensée ?

Lorsque l'on finit par y apercevoir une partie

de l'auteur qui a écrit ces pages, est-il au final bien la personne que l'on croit lire et non pas un être inutilement idéalisé ?

Comment être sûr que ce qui nous entoure n'est pas qu'une façade ?

Mon œil voit-il vraiment la vérité ou seulement une vérité enjolivée, une vérité idéalisée qui au final n'a aucune raison d'être ?

Je reste blotti dans un coin, inutilement silencieux, car je suis seul, je pourrais faire du bruit, hurler, pour me prouver que j'existe, mais à quoi bon, je suis seul, personne n'est là pour m'entendre crier, je suis comme un arbre dans une forêt déserte. Je suis un, parmi des milliards. Je suis né, je vais vivre, je vais mourir et disparaître dans l'immensité de l'éternité, ne laissant derrière moi que peu, voire rien, pour prouver mon passage et mon existence dans cette réalité.

La vie n'est-elle au final rien de plus qu'un battement de cils ?

Je vais me laisser tomber sans faire le moindre

bruit, et lorsque je serai entouré par la nuit, rien ne restera pour prouver ma réelle existence. Je ne serai plus qu'une pensée, un souvenir, d'un temps depuis longtemps écoulé, et que plus rien ne peut prouver la véritable existence, car les souvenirs sont-ils réellement des événements qui se sont déroulés ou simplement des lieux et des épisodes de notre vie que l'on aurait imaginés, idéalisés ou simplement fantasmés ?

Où est la frontière entre le rêve et la réalité ?

Car si ce texte n'est jamais lu, sera-t-il bien réel ?

Car une chose dont on ignore l'existence est-elle bel et bien réelle ?

Et si cette question est valable pour un texte, elle ne peut que l'être aussi pour un être vivant. Serai-je donc moi aussi réel, uniquement lorsque ces lignes seront lues ?

Et vous, êtes-vous bien réel ?

Et votre monde est-il bien réel ?

INSTANT SUSPENDU

Dans un moment d'intimité
nos regards se sont croisés
nos gestes se sont figés
pour une seconde, une éternité

comment s'approcher l'un de l'autre
en échappant aux regards des autres
avec des gestes lents
attendant le bon moment

seuls dans cette salle humide
il nous reste à franchir le vide
qui sépare nos corps tremblants
et nos cœurs bondissants

la caresse de tes doigts
le murmure de ta voix
un langoureux baiser
gravé pour l'éternité

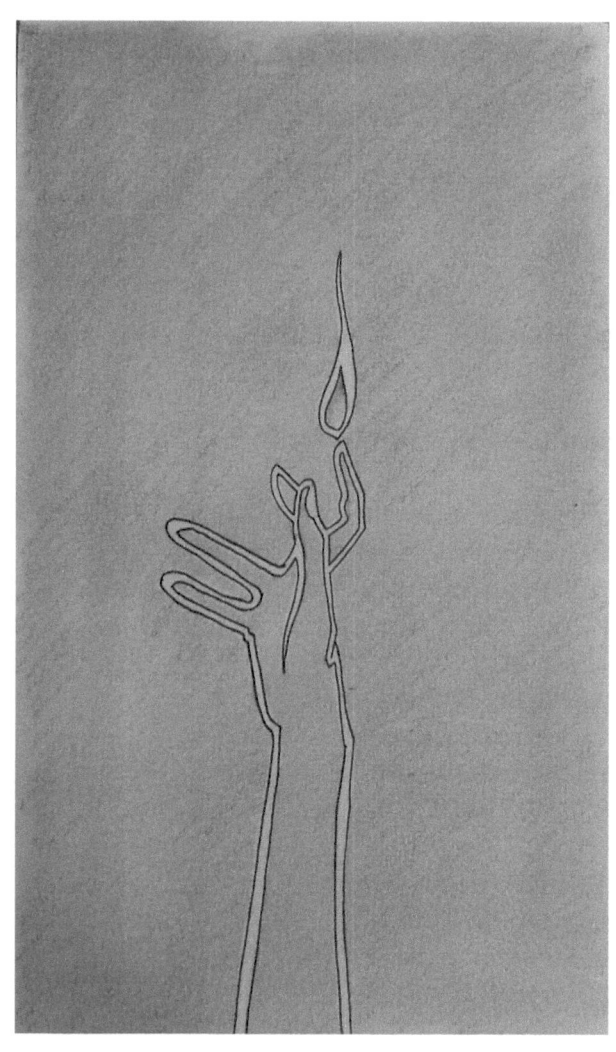

LE MEURTRE ROMANTIQUE

Dans la forteresse noire
en la salle d'audience un soir
le vent soufflant bien fort
les soies aux fenêtres claquaient fort

L'homme courbé et couronné
assis près de la cheminée
ne put voir s'approcher
l'homme de noir drapé

Il fit plus d'un pas
et vit celui-là
de fatigue le corps penché
près de la vieille cheminée

Maître était le silence
en la salle d'audience
hormis le vent et les flammes
les hommes et la dame

La dame dissimulée
derrière la soie drapée
n'avait pas manqué, de remarquer
l'homme en noir drapé, s'approcher

Le roi mal éveillé
en ce début de soirée
fut très mal avisé
de tous les congédiés

Car tous, courtisans et guerriers
tous, s'en étaient allés
des restes du souper
se repaître, ou se coucher

L'homme en noir sortit un couteau
la dame dans le noir, un couteau à la main
d'un flambeau l'homme était non loin
la dame vit son visage, le trouva beau

La dame s'avança
l'homme en noir, lui, recula
lui cacha son couteau
elle n'en fit rien, près d'un flambeau.

Vous êtes un assassin
dit la dame d'une voix posée
l'homme ne répondit point
car moi aussi je veux le tuer

L'homme en noir s'approcha
et la dame s'approcha
chaque visage se contempla
alors que le roi, lui, sommeilla

Il n'y à rien à craindre de lui
car une fois endormi
peu importe le bruit
Morphée le gardera avec lui

Je veux tuer, le roi, mon époux
mais qui vous commande vous
dit la dame posant sur la table
son couteau qui reflétait la flamme

L'homme en noir rangea sa lame
Répondre je ne puis, devant la flamme
mon cœur me dicte une nouvelle conduite
car l'amour en mon cœur s'invite

La dame s'avança jusqu'à lui
et souffla la flamme de la bougie
ta grande beauté même dans le noir
dissipe mon grand désespoir

L'homme en noir
le cœur enflammé
face à tant de beauté
en lui naît de l'espoir

Alors comment vous nommez-vous ?
Comment voulez-vous me nommer ?
Amour, je vais te nommer
Je suis donc Amour pour vous

L'homme en noir voulut embrasser
la belle, de son cœur embrasé
Mais la dame trop empressée
embrassa l'amour tant rêvé

Et pourquoi voulez-vous le tuer ?
Ce serait pour me venger
Et vous, pourquoi ma dame
voulez-vous voir partir son âme ?

Libre, si nous le tuons
enfin libres tous deux nous serions
toi de ton triste passé
moi de cette union imposée

La dame prit sa lame
et elle s'avança vers son mari
L'homme en noir sorti sa lame
derrière le roi il se mit

Ensemble nous pourrons fuir
ensemble nous pourrons nous unir
ensemble nous aimer
pour la plus belle éternité

Les lames brillèrent
devant la lumière
Le roi ensanglanté
devant la cheminée

Les amoureux unis
quittèrent le château de nuit
et en peu de temps
ils eurent de nombreux enfants

SOMBRE ÉTREINTE

Je reste là assis dans le noir
je sens ta présence sans te voir
tes gestes imperceptibles m'entourent

une caresse, un souffle, un souvenir
que je ne peux pas retenir
mon cœur bat au rythme de mes regrets

car ta présence a disparu
les ombres sont là et ne bougent plus
souvenir d'un bonheur éphémère

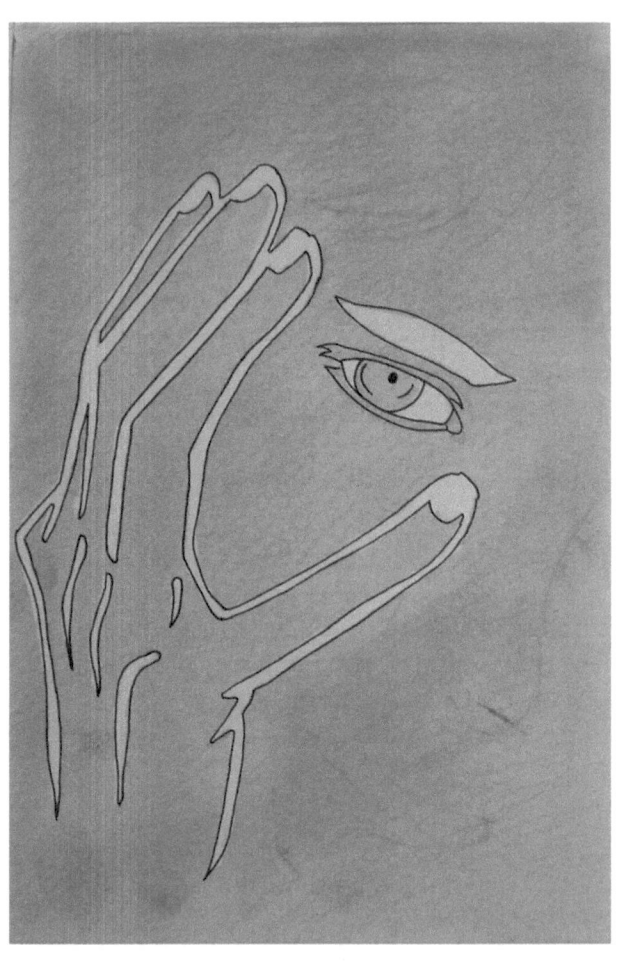

LES YEUX DU DÉSESPOIR

— Je continue de me sentir mal, depuis ce jour et depuis quelques semaines, je vois des choses quand je ferme les yeux.
— Que vois-tu lorsque tu fermes les yeux ?
— Je vois toujours les mêmes choses dans des lieux différents à des périodes différentes.
— Raconte-moi.
— La première fois que j'ai vu quelque chose qui diffère de ce que l'on peut voir lorsque l'on ferme les yeux, c'était une jeune fille qui était si radieuse. Elle se tenait devant son miroir, se préparant pour un rendez-vous bien spécial, car elle venait d'apprendre par la sœur de son petit ami que celui-ci allait lui faire une demande bien spéciale. Légèrement maquillée, elle avait revêtu la robe blanche qu'elle avait portée lors de leur première rencontre, ainsi que de leur premier rendez-vous. Elle quitta la maison de ses parents et fut légèrement éblouie par le soleil qui inondait un ciel sans

nuage. Et il chauffait l'air environnant, transformant ce début d'après-midi de milieu printemps en belle journée digne de l'été. Les champs entourant le petit hameau où elle habitait étaient en fleur. Elle suivait un petit chemin qui descendait la colline pour aller près de la rivière en contrebas. Tout au long du chemin, elle ne pouvait plus se retenir d'afficher un large sourire, tant l'attente de retrouver son futur fiancé était grande. Son cœur se mit à battre encore plus fort lorsqu'elle put enfin l'apercevoir, il était là, allongé au pied du grand chêne près de la rivière, à l'endroit même où ils s'étaient avoué leurs sentiments. L'eau de la rivière s'écoulait dans un faible murmure et la brise légère ne provoquait qu'un faible bruissement des feuilles du grand chêne.

En silence, la jeune fille s'avançait vers son futur fiancé qui s'était assoupi au pied de l'arbre. Avec un sourire étincelant, elle s'agenouilla à côté de lui et le regarda dormir. De ses doigts, elle lui dégage une mèche de cheveux qui lui couvrait le front et ses doigts s'attardèrent sur son front. À sa grande surprise, sa peau était froide, son joli sourire disparut, sa main descendit sur la joue qui était glacée. Précipitamment, elle se releva avant de se remettre à genoux pour être face à lui. Elle posa ses mains sur ses épaules et essaya de le réveiller, mais rien ne parvenait à le réveiller. La peur n'eut pas le temps de s'afficher sur son visage, que la panique prit place. De son poing, elle frappa la poitrine de son amoureux. Mais aucune réaction, il restait inerte. Les larmes parcoururent son visage, et elle s'effondra sur le corps inanimé de son grand amour. Elle se redressa et le frappa encore et encore dans l'espoir de le voir bouger. Mais sous les coups, seul son bras presque rigide se retourna. Parcourue par la douleur, elle lui prit la main et y découvrit une petite boîte de velours rouge. De ses mains tremblantes, elle prit la boîte, l'ouvrit, et y découvrit la bague qu'il allait lui offrir.

— Et ensuite, que s'est-il passé ?
— Je l'ignore, car c'est à ce moment que j'ai rouvert les yeux.
— As-tu revu cette scène le lendemain ou dans les semaines qui ont suivi ?
— Non, je ne l'ai jamais revu car à chaque fois, je vois quelque chose de différent.
— Raconte-moi ce que tu as vu.

— Cela se déroulait un soir de début d'hiver, dans un jardin, il tombait comme de la neige sur ce vieux couple assis sur un banc et ils se remémoraient les souvenirs de leur passé. Lorsqu'ils ont emménagé dans cette belle et grande maison. Leurs premiers souvenirs se déroulaient juste après leur mariage, la joie se lisait sur les visages de ce couple d'amoureux qui défaisaient leurs cartons. Les semaines, puis les mois s'écoulèrent et leur joie ne désemplissait pas jusqu'au jour où elle fut démultipliée par l'arrivée de leur premier enfant.

Avec les années, trois autres enfants arrivèrent et la joie de ce couple d'amoureux était toujours au beau fixe, et même si les disputes étaient présentes mais rares, c'était toujours l'occasion pour eux de mieux se réconcilier. Avec les années, leurs enfants finirent par quitter la maison afin de fonder leur propre famille. Aucune ombre n'était présente pour noircir ce magnifique portrait de famille. Et même si ce couple ne voyait plus beaucoup leurs enfants du fait que leurs vies les avaient éloignés de la grande maison familiale, ils s'arrangeaient toujours pour revenir tous ensemble durant trois semaines chaque été. Et durant ces trois semaines, ce couple voyait sa joie à son paroxysme, car ils étaient tous là, enfants, petits-enfants et durant ce dernier été, un arrière-petit-fils fit son apparition. Mais en cette nuit de début d'hiver le ciel était sans nuage et ce vieux couple regardait impuissant leur maison, et leurs souvenirs disparaître, rongée par les flammes. La joie avait disparu et avait laissé place à un profond malheur.

Dans les bras l'un de l'autre ils tentaient de se réconforter du fait qu'ils étaient sains et saufs et qu'une maison même chargée de tant de souvenirs et de bonheur pouvait toujours se reconstruire. Pourtant, leur malheur n'arrivait pas à se dissiper. Et les cendres de leurs souvenirs recouvraient leur jardin dans la nuit étoilée.

Lorsque j'ai rouvert les yeux j'étais persuadé que la femme allait s'effondrer de chagrin.
— C'est donc là, les choses les plus horribles que tu aies vues ?
— Non.
— Alors, quelle fut-elle cette chose si horrible ?

— Un enfant veillé par ses parents.
— Cela n'a pas l'air si horrible, raconte-moi, ce que tu as vu.
— Il fait plutôt sombre dans la chambre, et cet enfant semble dormir paisiblement dans ce lit. Ses parents sont assis et écoutent en silence le souffle mélodieux de la respiration de leur enfant. L'homme pose sa main sur celle jointe de sa femme, leurs regards se croisent. Et j'ignore pourquoi l'homme semble se forcer à sourire. Sans leur parler, j'arrive à les comprendre, eux et leurs pensées. Ils se remémorent tous les deux les souvenirs qu'ils ont de leur enfant endormi devant eux. Son premier mot, ses premiers pas, les quelques larmes qu'il avait versées avant de quitter ses parents pour entrer à la maternelle. Et le grand sourire qu'il affichait le soir venu lorsque sa mère allait le chercher.

Les années passèrent et leur enfant passait d'une école à l'autre. Une vie des plus classiques, pourtant ils étaient là, assis sur des chaises peu confortables au pied du lit où dormait leur enfant. Il ne faisait pas le moindre mouvement durant son sommeil, ni aucun bruit à part son souffle régulier. La mère sortit un mouchoir de sa poche et fit disparaître les larmes avant qu'elles ne couvrent son visage.

Tout était calme et silencieux dans la pièce tout comme dans le couloir. Jusqu'au moment où un bruit aigu et strident envahit la pièce, provenant de l'un des moniteurs qui était branché à l'enfant. L'homme et la femme dans les bras l'un de l'autre s'effondrent en larmes alors que la pièce s'illuminait et qu'une infirmière suivie d'un médecin entra dans la pièce. Le bruit strident qui envahissait la pièce finit par s'éteindre et leur enfant n'était plus, la maladie l'avait emporté.
— Comment te sens-tu après avoir vu toutes ces choses ?
— Voir tout cela me tourmente, car dès que j'ouvre les yeux, je les vois encore et j'arrive à ressentir leur souffrance. Et je n'arrive pas à les oublier tous autant qu'ils sont. Je sais que je ne pourrai jamais les aider et que même les années ne pourront les soulager alors pourquoi je vois tout ça ?
— Tu vois peut-être tout cela pour apprendre quelque chose.
— Mais apprendre quoi ?
— Apprendre que malgré toutes les épreuves

que la vie nous inflige, nous devons les surmonter et continuer d'avancer.

Les semaines passent et je finis par accepter toutes ces images. Ce n'est pas de l'indifférence c'est juste de la compassion. Et je sais que même si je vois ces choses, ma vie est infiniment plus heureuse que celle que je vois lorsque je ferme les yeux.

Et vous que voyez-vous lorsque vous fermez les yeux ?

LE RÊVE AMOUREUX

PREMIÈRE PARTIE : LE RÊVE

J'ouvre les yeux et le réveil affiche six heures cinquante-cinq, ce matin non plus, il n'aura pas besoin de sonner à sept heures pour me réveiller. Et alors que je me redresse sur le bord du lit, je sens mes larmes ruisseler sur mon visage. Je voudrais les arrêter, mais je n'y arrive pas et au fond, je ne suis pas sûr de réellement vouloir qu'elles s'arrêtent.

Je me lève et referme légèrement les yeux et mon rêve me revient en tête, identique à tous ceux que je fais chaque nuit depuis plusieurs semaines maintenant. Je me vois marcher dans un parc en direction d'une fontaine où est assise la personne qui m'attend et qui est mon grand amour. Je n'arrive pas à décrire son physique, mais je me souviens de ce sourire qui réchauffe mon cœur. Et dans ce rêve, le soleil proche de l'horizon donne une lumière des plus magnifiques à ce baiser que l'on s'échange. Et avant que toute conversation ne débute vraiment, je me réveille. Suis-je désespéré au point d'aimer un rêve et d'être sûr que ce n'est pas qu'un mirage ? Et que cette personne est bien réelle et que je finirai par la retrouver ? Cette personne qui s'est emparée de mon cœur.

Plus les minutes passent et plus de détails me reviennent. Et alors que je m'assois dans la cuisine, je me repasse l'intégralité de ce rêve. Je commence par lever la tête vers le ciel qui s'assombrit et je tourne mon regard vers le soleil qui semble disparaître lentement. Je suis dans un parc que je ne connaissais pas jusqu'à mon premier rêve. Et je marche vers une fontaine que je n'ai jamais vue et où l'élu de mon cœur semble m'attendre. En me voyant apparaître, cette personne que je ne connais pas, mais que j'aime se lève et s'avance vers moi. Sans prononcer le moindre mot, nous levons nos mains et nos doigts de leurs extrémités se touchent. Comme pour s'assurer que l'autre est bien réel, nos mains finissent par se joindre nous rapprochant l'un de l'autre. Je ne vois pas ses yeux car ils sont cachés par une mèche de cheveux. Et lorsque nous nous embrassons je peux sentir une larme de bonheur couler sur sa joue.

Je rouvre les yeux et je quitte la maison et avec mon sac sur le dos je me dirige vers le lycée. Je vais encore passer une journée comme tous les autres où l'intégralité de mes pensées sera tournée vers cette personne que je ne connais pas. Et que j'aime de façon déraisonnable car j'ignore si cette personne existe vraiment ou non.

DEUXIÈME PARTIE : LE PARC

Le soir venu, alors qu'au détour d'une rue j'aperçois un parc que je connais sans jamais y être vraiment entré, sans me poser de question, je prends le chemin qui y conduit. Après avoir franchi le seuil, je peux voir un chemin de gravier blanc. Ce chemin ne me semble pas inconnu, mais après tout, tous les chemins avec ce même gravier blanc doivent se ressembler.

Le soleil qui se couche donne une lueur rougeâtre au ciel légèrement nuageux. La brise légère remue les branches des arbres qui bordent le chemin. Le chemin finit par se séparer en deux et au hasard mes pas prennent le chemin de gauche m'amenant devant une fontaine. Mais ce n'est pas n'importe quelle fontaine. C'est celle que je vois dans mes rêves depuis plusieurs semaines. N'y croyant pas, j'en fais plusieurs fois le tour pour me convaincre qu'elle est bien réelle. Je finis par lever les yeux au ciel et je le découvre légèrement nuageux alors que le soleil commence à disparaître. Sans pouvoir l'expliquer, je me persuade que le grand amour dont j'ai tant rêvé va finir par apparaître devant moi. Alors en silence je m'assois sur le bord de la fontaine pour attendre. Mon cœur se gonfle d'espoir et d'excitation à l'idée de cette rencontre. Les premières étoiles apparaissent dans le ciel et les lampadaires qui entourent la petite place où trône la fontaine se mettent à briller. L'excitation due à mes illusions finit par disparaître, et l'espoir de rencontrer la personne de mes rêves finit également par disparaître. Découragé, je finis par quitter ce parc pour rentrer chez moi.

Les jours finissent par s'écouler et chaque nuit je continue de faire le même rêve et chaque soir qui le précède, je retourne dans le parc près de la fontaine dans l'espoir de rencontrer le grand amour, qui me fait tant rêver. Aucun miracle ne se produit. Ces nombreuses déceptions, au lieu de me ramener vers la réalité, m'enferme encore plus dans mes rêves et mes illusions.

Ce soir encore, cette personne n'est pas apparue. Je reste là, seul, à côté de la fontaine, à regarder les étoiles apparaître.

TROISIÈME PARTIE : LA RENCONTRE

Le soleil se lève à nouveau pour me faire souffrir, car je sais maintenant que ce n'est qu'un rêve, mais je garde l'espoir que ce rêve que je fais chaque nuit finisse par se réaliser. Pourtant, je trouve le courage de me lever et de suivre le même parcours que d'habitude. Alors que je marche vers le lycée, mes pas me conduisent devant le parc. Sans savoir pourquoi, je franchis la grille et je me dirige vers la fontaine. Marchant tout doucement, je lève les yeux vers le ciel qui est encore sombre et le soleil n'a pas encore quitté l'horizon. Les rares nuages qui flottent dans le ciel ont revêtu une couleur dorée. Ce qui me fait me rappeler mon rêve car le ciel semble identique à celui que je voyais lorsque j'étais endormi. Alors que j'arrive devant la fontaine, je ne peux que remarquer un groupe de lycéennes assises sur un banc racontant leur mésaventure du jour précédent, de manière à ce que tous les passants puissent en profiter.

Une personne est debout face à la fontaine et semble la contempler. Pour ne pas être remarqué, je fais celui qui ne fait que passer, comme s'il s'agissait de mon parcours habituel. Mais la personne devant la fontaine se tourne vers moi et nos regards se croisent, je me fige totalement. Je ne bouge plus, et cette personne d'un pas bien décidé s'avance vers moi. Avant de s'arrêter à moins d'un mètre de moi. Étrangement et avec un léger sentiment de peur, je reconnais cette mèche de cheveux qui couvre ses yeux. Je ne veux pas y croire, cela ne peut être vrai.

Et pourtant, sans y penser, tel un réflexe naturel, nos mains se dirigent l'une vers l'autre et du bout des doigts, se touchent. Je l'entends soupirer de soulagement, alors que moi je reste muet. Nos mains finissent par se joindre totalement et nous restons là, immobiles sans prononcer le moindre mot. Cette personne sortie de mes rêves et qui est pourtant bien réelle finit par lever la tête pour que nos yeux puissent se croiser. Le groupe de filles d'à côté semble s'être tu, alors que nos lèvres dans un rayon de soleil finissent par se rejoindre pour ne plus se quitter.

LE CŒUR DES INTROVERTIES

PREMIÈRE PARTIE : LUI

J'étais debout face à la fenêtre et je regardais le ciel qui s''assombrissait. Le soleil descendait vers l'horizon, derrière la colline qui était recouverte d'un champ de vigne. Champ qui se trouvait de l'autre côté de la route. C'est cette route qui me séparait de la liberté à la servitude de l'instruction, représentée par les bâtiments de ce lycée. Le soleil de ce début d'automne illuminait la salle d'une lumière dorée. Une fenêtre au fond de la salle laissait entrer une brise légère transportant dans son sillage une fine odeur presque imperceptible de raisin. Le silence n'était pas pesant, il s'était installé de lui-même et je ne savais pas si je devais le rompre. Car j'étais seul, totalement seul, avec elle.

Les minutes s'écoulaient et du coin de l'œil sans me retourner totalement je la regardais, la contemplais. Elle qui lisait les pages du livre posé devant elle. Assise au fond de la salle, silencieuse, pensive, et d'une beauté que mon cœur et mon esprit ne pouvaient définir. Moi debout à l'autre bout de la salle face à la fenêtre je continuais de l'admirer, de loin. N'osant pas prononcer le moindre mot, de peur de briser le silence, et de l'interrompre dans sa lecture.

Et il est plus qu'évident que si je me mettais à parler, quelqu'un arriverait dans la pièce. Nous éloignant l'un de l'autre, encore plus. Toujours du coin de l'œil je la regardais rapidement, furtivement, avec la crainte d'être surpris, et qu'elle brise, finalement, ce doux et douloureux silence. Le soleil, lui, continuait sa descente vers l'horizon d'une manière presque imperceptible. Ce n'étaient plus que mes yeux qui se tournaient, c'était désormais mon visage entier qui se tournait vers elle. Son visage collerait presque à la définition que je me faisais de la perfection. Son teint pâle faisait ressortir ses yeux verts, et ses cheveux noirs brillaient à la lumière du soleil qui déclinait.

Alors qu'elle levait les yeux, moi, d'un geste vif et que j'espérais difficile à percevoir, je me retournai vers la fenêtre. Je me sentais rougir à contrecœur, alors que mon cœur, lui, s'affolait. Dans le reflet de la fenêtre, je la vis baisser la tête vers son livre, et du recoin de l'œil, je recommençai à la contempler. Que penserait-elle de moi si elle s'en rendait compte ? Cela l'éloignerait encore plus de moi. Cette pensée m'effrayait, mais j'étais encore plus effrayée à l'idée de lui dire ce que je ressentais.

La révélation

Aujourd'hui comme hier
je n'ai pas pu le faire
je n'ai pas réussi
car le courage de moi s'est enfui

Mais demain, je ne vais pas fuir
ce sera un jour différent
je le sais, je le sens
j'oserai enfin lui dire

Où non, je ne sais pas
que faire pour lui dire
je dois y réfléchir
mais cela ne m'aidera pas

Un jour, il le faudra
lui dire ce que je ressens
pourtant je n'y arrive pas
il le faudra pourtant

Refaire une journée à ses côtés
je peux le faire sans problème
mes sentiments lui révéler
cela je ne peux, c'est le problème

DEUXIÈME PARTIE : ELLE

J'étais assise au dernier rang de la salle, tournant les pages du livre posé sur mon bureau. Ne révisant que des connaissances déjà acquises. La dernière fenêtre de la salle était entrouverte et laissait entrer une légère brise. Détournant mon regard de ces innombrables mots, je contemplais le temps d'un instant le soleil disparaître de l'autre côté de l'horizon. Et les derniers rayons du jour illuminaient la salle d'une lueur dorée. Alors que mon regard se plongeait à nouveau entre les lignes du livre la brise apporta une légère odeur de raisin. Cela me remémora les derniers jours de vacances avant de revenir dans ce temple de la connaissance.

Le silence qui régnait en maître était presque agréable. Mais si seulement il, pouvait le rompre, car j'étais seul, enfin totalement seul avec lui. Chose si rare que je croyais impossible. Ne faisant que semblant de relire ces innombrables mots, je relevai les yeux vers lui. Lui qui était debout de l'autre côté de la salle, accoudé à une fenêtre. Lui qui semblait m'ignorer. J'essayais tant bien que mal de ne pas me faire remarquer, car je ne serais pas quoi lui dire s'il remarquait que je ne faisais que de le regarder. À y réfléchir, il n'avait rien d'extraordinaire, c'était un garçon comme les autres et pourtant c'était lui que mon cœur avait choisi.

Je relevai la tête comme si je regardais devant moi, mais mes yeux allaient vers lui, lui qui était plongé dans la lumière du soleil qui se couchait. Cette lumière dorée qui le rend encore plus beau. Et pourtant je baissai la tête de peur d'être surprise. Je devrais peut-être me lever, et m'avancer jusqu'à lui. Et lui dire, mais quoi, lui dire quoi, et quelle serait sa réaction ? Et la réponse qu'il va me faire en découvrant mes sentiments. Cela ne pourrait être qu'un refus. Car s'il éprouvait ça pour moi, je suis sur qu'il se serait déjà avancé jusqu'à moi pour me l'avouer. Je devrais me résigner et pourtant je continuais à l'admirer. Le plus discrètement possible, bougeant le plus lentement possible, pour ne pas être remarqué. Je ne savais pas quoi faire, je sentis en moi comme deux voix qui se levaient pour peser le pour et le contre.

Que devais-je faire ? Me lever et lui dire ou rester assise et attendre ? Mais attendre quoi ? Je devais trouver le courage en moi.

Le temps qui passe

Aujourd'hui encore
on s'est vus et parlé
mais nos cœurs embrasés
se sont éloignés, encore

Mais que le temps passe
il faut que je le fasse
lui dire la vérité
sur ce que mon cœur m'a dicté

Ou l'oublier, oui l'oublier
ce que mon cœur ne cesse de hurler
et attendre la fin de l'année
afin de l'oublier

Une année s'était déjà écoulée
sans que nos sentiments
ne soient révélés
plus qu'une année avant d'être séparés

Réfléchir à l'avenir
car dans un an il faudra partir
séparés dans une école
les désirs de nos cœurs s'envolent

TROISIÈME PARTIE : EUX

Je me tourne et la regarde, elle lève la tête et je me retourne. Elle m'a remarqué que faire, dois-je lui dire, mais comment ?

Il s'est retourné, m'a-t-il remarqué ? Il se serait retourné pour ne pas me blesser, par simple politesse. Je baisse la tête, mon cœur s'emballe que faire, que dois-je dire ? Je ne sais plus, je reste comme figé sur ma chaise.

Elle n'a rien dit, sûrement par gentillesse, elle a remarqué que je la regardais elle a dû comprendre mes sentiments. Je sens que je rougis de plus en plus. Je ne dois plus me tourner vers elle. Pourtant, je ne désire que cela. Seulement la voir, ne pas lui parler, juste la regarder.

Il ne se tourne plus, il ne dit rien il a pourtant dû comprendre mes sentiments. S'il ne dit rien c'est qu'il ne ressent rien pour moi, que faire, je me sens si bête, et maintenant je rougis. Je ne veux plus lever la tête. Pourtant, ce serait le bon moment pour lui dire ce que je ressens.

Elle ne dit rien, elle ne bouge plus. Je n'ai qu'à me tourner et lui dire, tout lui avouer, allez courage. Je n'ai rien à perdre, courage.

Je n'ai qu'à me lever et lui dire, tout lui dire. Allez ma fille courage, courage.

Je me tourne et sans le vouloir vraiment, je suis face à elle.

Je me lève et je suis face à lui.

Alors que la salle nous sépare, nous sommes face à face silencieux et nos regards se croisent enfin.

En voyant son regard.

En regardant au plus profond de ses yeux.

Nous nous comprenons enfin sans prononcer le moindre mot. Nous nous sommes avancés l'un vers l'autre. Et alors que nous étions entourés des tables et des chaises, éclairés par la lumière dorée du soleil qui se couchait, nous nous sommes pris les mains et toute gêne, tout stress avait disparu entre nous. Les mots étaient inutiles, nos regards seuls avaient suffi à se comprendre. Nous savions maintenant ce que l'autre ressentait, nos yeux plongés dans les yeux de l'autre, nous faisant oublier tout le reste. Nos visages se rapprochaient l'un de l'autre, et avant que nos lèvres ne se touchent, la lumière froide des néons se mit à briller, nous écartant l'un de l'autre. Sa sœur était entrée et dans le couloir la sonnerie retentit.

La journée était terminée, nous devions nous séparer. Mais on savait que nous nous retrouverions demain pour finir cette conversation. Je restais seul quelques instants avant de rentrer chez moi, n'attendant qu'une chose que la nuit passe vite pour que l'on puisse se retrouver à nouveau ensemble.

L'espoir de demain

Amour durant la nuit
à rude épreuve je t'ai mis
toutes les peurs, mes ennuis
se manifestent et me nuisent

Mon amour véritable
que je croyais inébranlable
se révèle bien faible
mais elle reste la plus belle

Oublier la nuit, la douleur
ne pas se laisser emporter par la peur
et garder en tête le vrai bonheur
ce soleil qui se lève de bonne heure

Un amour que je sais
n'est plus seul, je le sais
mais je continue à hésiter

Réunis demain nous serons
nos sentiments s'exprimeront
nos lèvres vont peut-être se toucher

DANS LA TÊTE D'UN ÉCRIVAIN

PREMIÈRE PARTIE

D'où vient l'inspiration ? Cette question rappellerait presque un devoir de philosophie au lycée.

Mais commençons par le début à savoir qu'est-ce que l'inspiration ?

Que nous dit notre ami le dictionnaire ? Il nous apprend qu'il s'agit d'un état de l'esprit lorsqu'il est ou semble être sous l'influence d'une puissance surnaturelle. Mais il s'agit également d'une force créatrice.

Avec ce qu'il nous apprend, on pourrait supposer que cela peut venir de n'importe où pour aller vers n'importe qui, du moment qu'une personne a une idée et arrive à l'exploiter. Notre inspiration prendra donc la forme que notre esprit aura décidée même si cela nous déplaît, cela peut donc ressembler à une fée, une nymphe, ou une quelconque créature réelle ou non, c'est notre esprit qui aura décidé de nous le montrer.

Après tout, peu importe d'où vient l'inspiration du moment que ceux qui la reçoivent peuvent la traduire en une suite de mots afin d'être partagés et peu importe que cela prenne la forme d'un poème ou d'un roman pourvu que cela soit aux yeux du lecteur, intéressant. Et que l'histoire contée est une logique. Un début et une fin cohérente, du moins, pour celui qui écrit.

La vraie question qu'il faudrait vraiment se poser est : Est ce que les écrivains ne seraient pas un peu givrés ?

Pour les autres, je ne sais pas, mais pour moi, difficile à dire, je vais y réfléchir.

La Muse

Au sommet d'une colline
au milieu d'un champ de vigne
le soleil allait se coucher
en cette fin d'été

Et moi, seul, soupirant
face au ciel s'assombrissant
mais une lueur apparut
et dans un souffle disparut

Laissant apparaître devant moi
une beauté en émoi
je ne pus soupirer
alors qu'elle se mit à parler

Le froid va bientôt arriver
il te faut donc rentrer
et ensuite écrit, écrit
c'est cela qui fera ta vie

Et depuis ce jour-là
je n'ai pas cessé d'écrire
car je sais qu'elle reviendra
ma muse, qui me fait écrire

DEUXIÈME PARTIE : Le couloir

Je me souviens la première fois où je suis entré dans ce couloir. C'était une nuit où ma muse n'était pas venue. Me laissant seul dans l'obscurité sans la moindre pensée ou idée à me dicter. Je ne sais plus exactement comment je suis entré dans ce couloir, mais ce n'est pas grave. L'important, c'est ce qui s'y trouve. Car chaque porte de cet immense couloir, renferme une pièce au contenu dès plus étranges autant les unes que les autres.

La première porte que j'avais réussi à ouvrir donnait sur une chambre plongée dans le noir. La deuxième était une salle de classe, et les fenêtres montraient un soleil sur le point de disparaître de l'autre côté de l'horizon. Une autre de ces pièces était remplie de plantes et les fenêtres donnaient sur un ciel bleu et un soleil éclatant. Une autre de ces pièces était occupée en son centre par une fontaine que l'on pourrait habituellement trouver dans un parc. Une autre était une simple chambre d'hôpital. Et la dernière pièce que j'avais pu ouvrir ressemblait à un bar étrange où régnait une pénombre des plus agréables. Malgré leurs différences, toutes ces pièces, le long du long couloir, avaient un point en commun, il n'y avait personne à l'intérieur. Et c'est en sortant de l'une de ces pièces que j'entendis pour la première fois cette mélodie qui me conduisit au bout du couloir devant une porte noire. Pris par la peur de ce qui pouvait se trouver derrière cette porte, je ne tendis pas la main vers la poignée pour ouvrir la porte au contraire, je fis demi-tour pour quitter le couloir, toujours accompagné par cette étrange musique.

Cette nuit, comme bien souvent, ma muse n'est pas venue, alors je me retrouve à déambuler, encore une fois dans ce couloir entièrement blanc. Sur le mur de droite comme sur le mur de gauche, se trouvent de multiples portes de bois. Certaines sont fermées à clé, d'autres sont remplies de choses étranges que désormais je préfère ignorer. Et alors que je déambule dans ce couloir, la même musique mélancolique finit par se faire entendre et guide mes pas vers la porte de bois noir. Je me

souviens que la première fois j'avais collé mon oreille à chaque porte pour trouver son origine. Pas après pas, j'avance vers le fond du couloir, jusqu'à arriver devant la porte de bois noir. J'ouvre finalement la porte et, dans la pénombre qui règne sur cette pièce, je crois apercevoir des yeux qui me regardent. Je n'y crois pas vraiment, jusqu'à ce qu'une voix résonne et me dise.
— Bonjour, et bienvenue chez moi.

Tout sentiment de crainte et de peur que j'ai pu ressentir a disparu. Sans réellement en prendre conscience, je franchis le seuil de la porte et sans bruit, elle se referme derrière moi.

Depuis cet instant et à chaque fois que ma muse me fait faux bond, je me rend dans ce couloir et dans la pièce qui se trouve derrière la porte noire. Toujours guidé par l'étrange mélodie.

La Muse 2

Murmure, murmure, me dit-elle
elle qui je crois était si belle
murmure avant que l'aube ne se lève
puis marche vers le soleil qui se lève

Alors j'ai marché
et le soleil devant moi s'est levé
pour illuminer cette étrange idée
qui m'a fait lever

Idée qu'une voix sortie de la nuit
pourrait pour ma courte ou longue vie
me guider dans mes choix
et me diriger d'une voix

Mais alors que le soleil gravissait le ciel
elle avait disparu, la voix féminine
qui me susurrait ces mots d'une voix fine
elle avait disparu dans le ciel

Il me fallait donc attendre
tout le jour attendre
dans l'espoir que la nuit
elle réchaufferait ma vie

Qu'elle reviendrait me murmurer
de nouvelles pensées
de nouvelles idées
que je puisse enfin griffonner

En un instant le soleil disparut
et une étoile apparut
et les ténèbres furent illuminées
par ce flot de nouvelles idées

Et elle était enfin arrivée
et je n'ai pas eu à me retourner
je savais qu'elle allait murmurer
de nouvelles pensées, de nouvelles idées

Je pus coucher sur le papier
tous les mots toutes les idées
que ma muse avait à me susurrer
devant la nuit qui venait de se lever

Je n'arrive pas à m'arrêter
je continue à griffonner
les mots, les idées
qu'elle m'a murmurés

Car ils résonnent en moi
comme le sang qui s'écoule
tout au long et à travers moi
même si mon esprit s'écroule

Et je ne peux m'arrêter d'écrire
les mots qu'elle me susurre
c'est plus beau qu'un doux murmure
ils continuent en moi de s'inscrire

C'est comme d'arrêter de respirer
le fait d'y penser
n'est que stupidité
je ne peux pas cesser de griffonner

Tout comme arrêter d'écouter
toutes les choses qu'elle me raconte
et toutes les histoires qu'elle me conte
lorsque je suis réveillé

Alors que je somnole
elle me réveille
me tire de ce faible sommeil
et prenant un stylo je m'affole

J'essaye d'attraper
chaque mot, chaque idée
qui, sous sa rapide dictée
traverse ma fébrile pensée

La nuit continue de s'avancer
mon esprit lui s'égare
et peu à peu délire
sous ce flot continu de pensées

Que je n'arrive pas à contrôler
et encore moins à stopper
ni même à ralentir
même si c'est mon profond désir

Et j'arrive parfois à espérer
l'arrivée rapide du soleil
et que ma muse tombe de sommeil
qu'elle me laisse enfin me reposer

Le temps d'un instant, puis corriger
les mille et une pensée
que j'aurais pu noter
durant la nuit qui vient de passer

TROISIÈME PARTIE : Le démon qui est en moi

J'ouvre les yeux et encore une fois je suis entré dans ce couloir comme chaque soir, presque contre ma propre volonté. Mais je suis là, et je me sens bien. Je pourrais me retourner et partir, mais finalement je ne le veux pas. Alors je marche et je passe devant les nombreuses portes en bois. Les murs tout comme le sol sont d'un blanc immaculé et au bout de ce couloir se trouve, la porte. La porte que je ne cherche plus, la seule à être faite de bois noir et la seule aussi à laisser s'échapper de la musique.

J'avance pas après pas et je finis par arriver devant la porte. D'une pression légère, je tourne la poignée et j'ouvre la porte avant d'entrer dans la pièce, et la porte se referme derrière moi. Les murs étaient recouverts d'épais rideaux rouges, seule la porte de bois noir pouvait se voir. Au centre de la pièce se trouvent un comptoir de bar ainsi qu'une table noire entourée de deux chaises. Le sol est un simple carrelage en damier noir et blanc. Sur

le comptoir se trouve une vieille radio, comme celle du siècle dernier. Et dans les grésillements sort un air de musique aux notes graves et mélancoliques. Dans un coin de la pièce, il est là, assis dans un fauteuil en cuir. Ces yeux me fixent et d'une main il sort de sa poche une montre à gousset et regarde l'heure avant de se lever et de dire.
— Tu viens plus tard que d'habitude.
— Ça te pose problème ?
— Non, assieds-toi, tu veux boire quelque chose ?
— Non merci.
Alors que je prend une chaise, lui se dirige derrière le comptoir et ramène sur la table une bouteille noire, un verre et une assiette pleine de biscuits. Assis face à face, il reste d'abord immobile. Alors qu'il continue à me regarder, il remplit son verre de ce qui semble être du vin et prend un biscuit avant de parler.
— As tu une idée pour la suite de ton livre ?
— Non, aucune.
— C'est étrange.
— Oui, c'est rare que je sois à court d'idées.
— Il va bien falloir trouver quelque chose.
— Oui, mais je ne suis pas obligé de trouver tout de suite, j'ai qu'à écrire les deux autres

histoires dont j'ai déjà écrit les résumés.
— Commence déjà par finir l'histoire que tu as commencé à taper à la machine. Ensuite on verra.
— D'accord.
— Une idée pour le titre de l'histoire concernant les deux moines ? Demande t-il avec un large sourire, avant de porter son verre à ses lèvres.
— Non, on dirait le début d'une traversée du désert.
— Ce n'est pas comme si tu n'avait rien à faire.
— Oui, j'ai juste un livre à finir et une dizaine d'autres à écrire.
— Ce n'est pas grand-chose, mais au moins tu as de l'occupation.
Le silence s'installe entre nous alors qu'il dévore en silence son assiette de biscuits et qu'il vide sa bouteille. Je finis par m'exclamer.
— J'ai une idée !
— Ah, à propos de quoi ?
— Une nouvelle histoire.
— Quoi ! Encore ? Fini d'abord celle que tu as déjà commencée. Mais, ça parle de quoi ?
— C'est l'histoire d'un homme vêtu de noir et qui écrit dans un carnet. Et de tout le livre on

n'apprend rien sur lui.
— Et tu crois que ça va intéresser quelqu'un.
— Peut-être. Tu sais, il…
— Laisse tomber, aurais-tu d'autres bêtises à proposer ?
— Non.
— Bien, on va peut-être pouvoir faire quelque chose de constructif. N'oublie pas il faut de l'originalité.
— Tu sais. Il m'arrive parfois d'espérer te voir dans la rue. Alors ça, ce serait original.
— Ah oui, et je ressemble à quoi, et de quelle manière je me pavane dans cette rue ?
— Comme là tu ressembles à un diablotin à la peau rouge vêtu de ton habituel costume noir à trois pièces avec ta montre à gousset.
— J'ai le même tact au niveau de la parole ?
— Oui, comme toujours.
— Ah, ça me rassure même si ce n'est qu'un rêve, car tu le sais, je ne sortirai jamais d'ici, je ne quitterai jamais, ta tête.
— Tout comme cet air de musique qui t'accompagne.
— Je n'y peut rien j'aime cette musique. Au fait ta muse te rend toujours visite, avec sa maudite poésie ?
— Oui, de temps en temps, d'ailleurs, c'est

elle qui t'a créé ?
— Non, elle, elle ne crée que ce qui est beau et paisible, c'est moi qui te fais écrire le reste. Souffrance et destruction, ça c'est mon dada, ainsi que l'humour noir. Nous ne sommes que les deux facettes de ton esprit.
— Autrement dit, la muse qui vient que quand elle veut représente le bien et toi qui vis dans ma tête tu représentes le mal.
Je suis ton côté sombre la partie de toi que tu préfères, la partie de ton esprit qui aime souffrir et faire souffrir.
— Je ne pense pas être comme ça.
— Tu finiras par l'accepter, c'est pour cela que tu viens ici chaque soir.
— Non, c'est faux.
— Si, c'est vrai, tu viens ici car tu préfères être avec moi plutôt qu'avec elle.
— Je ne choisis pas de franchir cette porte.
— Pourtant, rien ne t'oblige à la franchir, cette porte. Tu n'es pas non plus obliger de rester tu es libre de choisir de partir ou de rester.
Sans prononcer le moindre mots, je quitte la chaise et me dirige vers la porte et l'ouvre.
— Tu pars, mais sache qu'un jour tu reviendras ici.
— Ça, je ne crois pas.

— Tu peux oublier cette pièce, ignorer cette porte et même ma voix, mais jamais tu ne pourras ignorer la musique qui va continuer à retentir et qui te fera écrire.
— Cela ne me fera pas revenir.
— Tu choisis donc la muse ?
— Non, je vous rejette tous les deux, je ne veux plus de vous.
— C'est idiot, nous sommes des parties de toi, nous ignorer c'est ignorer ce que tu es vraiment.

Sans répondre, je franchis la porte, qui se referme derrière moi. Et d'un pas vif, je traverse le couloir.

Et je finis par rouvrir les yeux pour voir la nuit. Le soleil n'allait se lever que dans plusieurs heures. J'ai le temps de me rendormir et même si je retourne dans ce couloir, je sais que je ne franchirai pas cette porte de bois noir.

La Muse 3

Laisse-moi fuir, laisse-moi partir
n'essaye pas de me retenir
je n'ai plus le désire d'écrire
je n'ai qu'un seul rêve, dormir

Le talent qui coule en moi
mille fois grâce à toi
agit tel un poison
qui me fait perdre la raison

La nuit, tu me fais écrire
le jour où je pourrai sourire
je ne suis qu'une ombre
qui voudrait s'approcher d'une ombre

Seul le jour, seule la nuit
je vois m'échapper ma vie
et jamais tu n'y réfléchis
cherche-toi un autre érudit

Je veux vivre une vie
pleine d'amour et de joie
pas uniquement avec toi
mes livres et mes écrits

Ma muse, je ne t'aime plus
ne me cherche plus, ne reviens plus
je suis prêt à sacrifier ce talent
pour une vie d'amour et de rire d'enfants

Pourtant cette nuit, tu es revenue
que dois-je faire pour être entendu
C'est par amour pour toi
que je suis encore avec toi

Et je ne veux pas
qu'une autre que moi
vive sa vie avec toi
car à jamais tu m'appartiendras

Colère et jalousie
ne doivent pas régir ta vie
apaise ton cœur et ton esprit
Chacun de notre côté, continuons nos vies

Tu serais prêt à tout sacrifier
pour pouvoir aimer
une potiche qui va te ruiner
et des enfants qui ne vont pas t'aimer

Oui, mille fois oui
même si tu noircis le tableau
ce bonheur n'en sera que plus beau
et c'est cela qui fait la vie

La joie et le malheur
chavireront encore des cœurs
et ce ne sont pas dans les écrits
que l'on peut vivre sa vie

C'est pourtant toi qui écris ta vie
Oui mais de moi ce n'est qu'une partie
et ce n'est pas cette partie
qui fera le vrai bonheur de ma vie

Sans un mot elle est partie
et pour le reste de la nuit
enfin seul, je suis
seul pour vivre ma vie

QUATRIÈME PARTIE : La fin ?

Le jour est venu puis s'en est allé avant de revenir de nouveau. Suis-je libre, libre de ce flots d'idées qui inondait mon esprit ? Je le pense, je l'espère, pourtant, je vois encore la porte de bois noir et j'entends toujours la mélodie qu'il affectionne tant. Et la nuit, aux pieds du lit, j'ai l'impression de la voir, ma muse. Ils n'attendent que moi pour pouvoir parler à travers mes écrits.

Mais je veux être libre, mais depuis que je les ignore, je me sens seul et oppressé, ma liberté nouvelle serait-elle une prison ? Ma véritable liberté serait-elle due au fait que je sois l'esclave des idées et des mots qui naissent au plus profond de mon esprit ? Et qui m'obligent à dépérir pour le plaisir d'écrire. Si c''est cela ma liberté je n'ai plus à hésiter, je vais, lui ouvrir les bras. Et cette nuit j'ouvrirai la porte de bois noir, et rendrai visite à mon vieil ami, ce bienheureux diablotin. Et je me laisserai porter par sa musique.

Au tout début j'avais posé une question. Est-ce que les écrivains ne seraient pas un peu givrés ?

Pour les autres, je ne sais toujours pas, mais pour moi, la réponse ne peut être que… Oui.

CINQUIÈME PARTIE : Un nouveau début

La nuit m'envahit
mais ma muse sourit
alors je n'ai plus peur
de ces écrits de malheur

Dur et lent est le labeur
mais plus grand sera le bonheur
lorsque le soleil arrivera
avec les doux contrats

Oh miraculeux éditeurs
qui vont faire mon bonheur
mes écrits vont s'envoler
au-delà de ma pensée

Muse et diablotin
je vous comprends enfin
votre but est atteint
je vous comprends enfin

Votre but était de partager
les écrits que vous m'avez dictés
je ne suis que la plume et le papier
et un esprit divisé pour mieux travailler

LES FRUSTRATIONS

Ton visage endormi
réveille en moi des envies
que jamais la durée d'une vie
ne saurait combler, plaisirs inassouvis

Les plus beaux traits tracés
ne rendront jamais ta beauté
frustration d'un dessin inachevé

UN MATIN…

Le vent de la mer
entre dans la chambre obscure
tiré de mon sommeil, rictus amer

ton visage caressé
par un rayon de soleil
lentement, tu te réveilles

le bleu de tes yeux
tout comme ton sourire
me rend heureux

DESTIN

Le destin, de moi t'a éloigné
j'essaie de me rapprocher
mais tu sembles si loin
je maudis notre funeste destin

AMOUR ?

Ton ombre dans le jour
ton ombre dans la nuit
à jamais me poursuit
serait-ce de l'amour

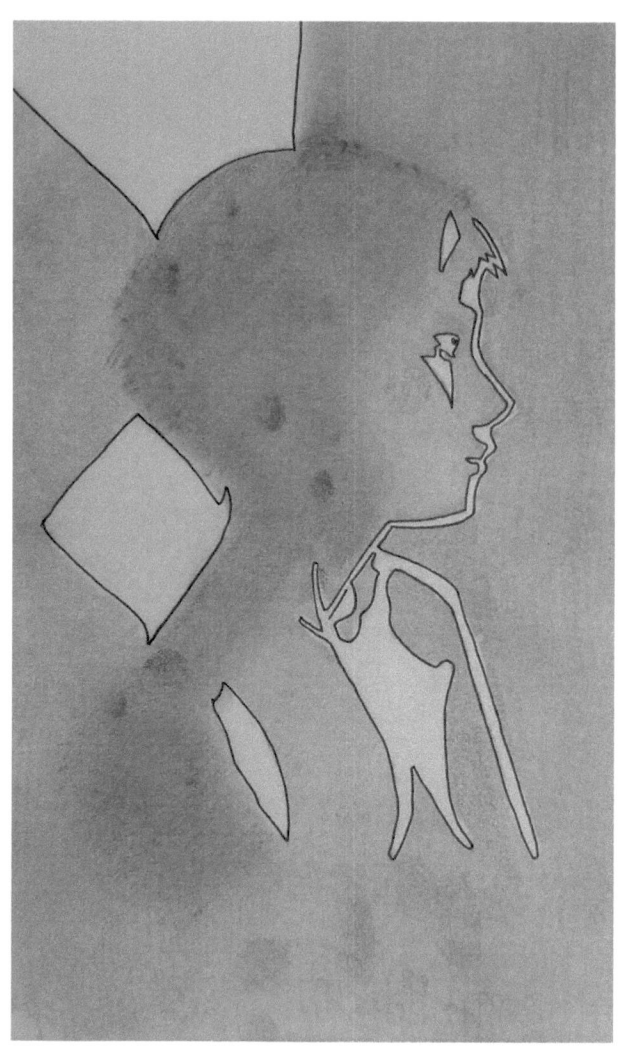

FIN…

Le soleil se lève
sa douce chaleur m'éveille
mais tu n'es plus là
seul ton souvenir reste avec moi

TABLE DES MATIÈRES

Début…	9
L'albatros	11
Une nuit d'hiver	13
Les mots	25
Le loup, l'hermine et le héron	27
Une pensée dans le noir	37
Instant suspendu	43
Le meurtre romantique	45
Sombre étreinte	51
Les yeux du désespoir	53
Le rêve amoureux	63
Le cœur des introverties	73
Dans la tête d'un écrivain	87
Les frustrations	115
Un matin…	117
Destin	119
Amour ?	121
Fin…	123

Axel et Camille : Les sept grimoires de Cynwrig

Un soir, alors que j'étaie dans la bibliothèque de l'école, j'ai trouvé un livre étrange, couvert de poussière. Et à l'intérieur de ses pages jaunies se trouve d'étranges incantations et des monstres mystérieux. Mais en lisant une incantation à haute voix, tous les monstres du livre ont pris vie et ils se sont tous échappés.

Depuis avec l'aide de ma sœur Axel et de Siward un dragon en peluche, également sortie du livre, nous luttons contre les monstres afin de les remettre dans le livre avec l'espoir de peut-être retrouver un jour, une vie normale.

Axel et Camille contre le dompteur de monstres

Dans cette histoire interactive incarné Axel, Camille ou l'un de leur amis. Explorer l'école et la forêt qui l'entoure, utiliser des sortilèges et invoquer des monstres pour sauvé Siward et récupérer le septième grimoire de Cynwrig avant qu'ils ne tombent entre les griffes d'un terrible ennemi.

Jon et l'héritage du démon

Il y a plusieurs milliers d'années, les cinq dieux du monde de l'Obscur ont trouvé la porte qui conduit à notre monde. Mais les cinq dieux célestes après de nombreux combats, ont réussi à les renvoyer dans le monde de l'Obscur.

Aujourd'hui, Jon en explorant une tombe millénaire avec deux de ses amis, a malencontreusement hérité des pouvoirs de l'un des serviteurs du monde de l'Obscur. Entraîner par Gram, le dieu loup, Jon apprend à utiliser ses nouveaux pouvoirs, car le monde de l'Obscur semble sur le point de rouvrir la porte qui relie nos deux mondes.

Recueil de poésie

Les poèmes de ce recueil de poésie sont de taille et de formes variées tout comme les sujets dont-ils traitent, de la romance, de la science-fiction et du fantastique.

L'albatros ou l'été de mes seize ans

Ce sont enfin les vacances d'été et Ben part chez sa tante pour y faire quelques travaux. Mais une fois sur place, il va faire une rencontre inattendue qui va chambouler son si paisible quotidien.

Une histoire inspiré de fait réel